BEI GRIN MACHT SICH IHR WISSEN BEZAHLT

- Wir veröffentlichen Ihre Hausarbeit, Bachelor- und Masterarbeit

- Ihr eigenes eBook und Buch - weltweit in allen wichtigen Shops

- Verdienen Sie an jedem Verkauf

Jetzt bei www.GRIN.com hochladen und kostenlos publizieren

Bibliografische Information der Deutschen Nationalbibliothek:

Die Deutsche Bibliothek verzeichnet diese Publikation in der Deutschen National-
bibliografie; detaillierte bibliografische Daten sind im Internet über http://dnb.d-
nb.de/ abrufbar.

Impressum:

Copyright © 2015 GRIN Verlag, Open Publishing GmbH
Druck und Bindung: Books on Demand GmbH, Norderstedt Germany
ISBN: 978-3-668-04567-5

Dieses Buch bei GRIN:

http://www.grin.com/de/e-book/306181/lebkuchenbacken-wie-in-nuernberg-
unterrichtsentwurf-fuer-eine-exkursion

Anonym

Lebkuchenbacken wie in Nürnberg. Unterrichtsentwurf für eine Exkursion

GRIN Verlag

Inhaltsverzeichnis

1 Sachanalyse

a) Lebkuchen – Was ist das?

Der Lebkuchen ist ein Gebäck, das aus Honig, Mehl, Mandeln und Gewürzen besteht. Der leicht bittere Geschmack dieses Gebäcks kommt von der Pottasche oder dem Backtriebmittel Hirschhornsalz, welches anstelle von Hefe zum Treiben verwendet wird.

Wo genau der Name „Lebkuchen" herkommt, ist allerdings umstritten. Eine Theorie ist, dass der Ursprung des Wortes vom altdeutschen „Lebbe" kommt, was „sehr süß" bedeutet. Eine zweite Vermutung von Experten ist, dass es vom lateinischen Wort „libum" abstammt, was auf Deutsch „Fladen" heißt[1].

b) Geschichte des Lebkuchens

Der Lebkuchen hat bereits eine lange Geschichte, die sich bis in das alte Ägypten zurückverfolgen lässt. Damals wurden Honigkuchen, die Vorläufer des heutigen Lebkuchens, als Grabbeigaben in die Gräber der Pharaonen gelegt.

Auch in Schriften von 350 vor Christus gibt es Belege dafür, dass zu dieser Zeit schon Honigkuchen hergestellt wurden. Doch damals galt der Lebkuchen nicht als Weihnachtsgebäck, sondern wurde das ganze Jahr über gegessen und aufgrund seiner langen Haltbarkeit sehr geschätzt[2].

Im 13. Jahrhundert entwickelte sich der Honigkuchen in Europa zum Lebkuchen. In Klöstern wurde er auch oft „Pfefferkuchen" genannt. Denn die Mönche aßen sehr gerne zu ihrem Bier etwas Würziges, sodass sie dem Teig viele verschiedene Gewürze beimengten. Diese Tradition wird auch heute noch fortgeführt und das Gewürz „Piment", welches sehr nach Pfeffer schmeckt, wird heute noch zum Backen von Lebkuchen verwendet[3].

---

[1] Vgl. http://www.welt.de/print-welt/article700835/Was-ist-ein-Lebkuchen.html
[2] Vgl. http://www.lebkuchen.be/geschichte/lebkuchen.php
[3] Vgl. http://www.lebkuchen-nuernberg.de/cms-seiten/wissenswertes/rund-um-den-lebkuchen.html

c) Nürnberger Lebkuchen

„Lebkuchenstadt" ist ein Beiname für die Frankenmetropole Nürnberg. Die Stadt hat als Standort der Lebkuchenherstellung eine lange Tradition und ist bis heute eine der Hauptproduktionsstätten dieses Gebäcks. Angefangen hat das schon im Mittelalter: Zum Einen lag Nürnberg im Zentrum europäischer Gewürzhandelsstraßen und zum Anderen gab es in den Reichswäldern rund um die Stadt sehr viele Imkereien und dementsprechend sehr viel Honig. Daher galt Nürnberg auch als des „Kaisers und des Reiches Bienenkorb"[4].

Einige Nürnberger Bäcker spezialisierten sich nun darauf, mit dem Honig aus den umliegenden Wäldern und den kostbaren Gewürzen, welche sie von Händlern aus aller Welt erwerben konnten, Gewürzkuchen herzustellen.

Im 17. Jahrhundert schufen sie einen neuen Berufsstand: Den Lebküchner. Dieses Handwerk durfte nur von Nürnberger Bürgern ausgeübt werden. Die Ausbildung zum Lebküchner dauerte sehr lange und war schwer. Der Teig wurde von Hand gefertigt und in Modeln gebacken. Modeln sind besondere Formen, wie die folgende Abbildung zeigt:

Abbildung 1: Beispiel für ein Modeln[5]

Schon damals gab es nicht nur ein Rezept, sondern viele verschiedene Sorten von Lebkuchen, wie beispielsweise zarte „Weiße" mit Mandeln belegt oder auch schwere dunkle Honigkuchen.

Im 18. Jahrhundert wurde aufgrund der hohen Nachfrage des Gebäcks erstmals eine Dampfmaschine bei der Herstellung verwendet. Zudem wurden große Fabrikgebäude errichtet, in denen nun in Massen produziert wurde[6].

---

[4] Vgl. https://www.lebkuchen-nuernberg.com/Geschichte:_:25.html
[5] http://u.jimdo.com/www66/o/s338c5d8b1bfcd79a/img/i7d3ce676fb34c843/1427656829/thumb/image.jpg

3

Anfang des 19. Jahrhunderts wurde der „Nürnberger Lebkuchen" dann markenrechtlich geschützt, sodass er nur noch im Stadtgebiet Nürnberg hergestellt werden darf. Das Besondere an diesem geschützten Gebäck ist, dass dem Teig noch Früchte, Nüsse und Mandeln beigemischt werden[7].

Heute gibt es unterschiedlichste Arten der Spezialität und man kann prinzipiell zwischen dem „einfachen Lebkuchen" und dem „Elisenlebkuchen" unterscheiden. Letzterer ist etwas süßer und größer[8], wie folgende Bilder zeigen:

Abbildung 2: Elisenlebkuchen[9]

Abbildung 3: einfacher Lebkuchen[10]

Im Stadtgebiet Nürnberg gibt es elf große Firmen und zahlreiche kleine Handwerksbetriebe, die Lebkuchen herstellen. Die größten und bekanntesten Lebkuchenhersteller sind Schmidt, Witte Spezialitäten, Frauenholz und Lebküchnerei Dill[11].

---

[6] Vgl. http://www.kpz-nuernberg.de/kpz/mik_schulen_lebkuchen.shtml
[7] Vgl. http://www.lebkuchen-nuernberg.de/cms-seiten/wissenswertes/rund-um-den-lebkuchen.html
[8] Vgl. http://www.nuernberginfos.de/nuernberger-spezialitaeten/nuernberger-lebkuchen.html
[9] http://upload.wikimedia.org/wikipedia/commons/d/d2/Nuernberger_Lebkuchen_3183857869_0f3f7bcbe3.jpg
[10] http://autoimg.kochbar.de/kbrezept/263105_170797/400x266/weihnachtsplaetzchen-lebkuchen-maennchen-rezept.jpg

d) Lebkuchenrezept aus dem 16. Jahrhundert

Aus dem ältesten schriftlich erhaltenen Lebkuchenrezept aus dem 16. Jahrhundert, welches sich im Germanischen Nationalmuseum befindet, kann man folgende Zutaten entnehmen:

1 Pfund Zucker, ½ Seidlein oder 1/8erlein Honig, 4 Loth Zimet, 1 ½ Muskatrimpf, 2 Loth Ingwer, 1 Loth Caramumlein, ½ Quentlein Pfeffer und 1 Diethäuflein Mehl[12].

2 Didaktische Analyse

2.1 Lehrplanbezug

Im Lehrplan PLUS findet man das Thema „Lebkuchen backen" unter folgenden Punkten:

1) HSU 3/4   Lernbereich 3: Natur und Umwelt

          3.1 Tiere, Pflanzen, Lebensräume

Kompetenzerwartungen: Die Schülerinnen und Schüler...

- Reflektieren, woher unsere Lebensmittel kommen, überlegen, warum regionale und überregionale Produkte angeboten werden, und bewerten das ganzjährige Angebot von Obst und Gemüse mit Blick auf ökologische Kosten

Inhalte zu den Kompetenzen:

- Regionale und überregionale Lebensmittel

Beim Backen wird den Kindern bewusst, dass Lebkuchen nicht aus dem Supermarkt kommen, sondern dass ein langer Prozess der Herstellung dahinter steckt und die Zutaten nicht alle aus der Region kommen. Der Honig beispielsweise kommt aus dem Umland, aber viele Gewürze sind überregionale Produkte.

---

[11] Vgl. http://www.christkindlesmarkt.de/ihr-besuch/essen-trinken/nurnberger-lebkuchen-viel-kostliches-auf-einer-oblate-1.2233589
[12] Vgl. http://www.christkindlesmarkt.de/ihr-besuch/essen-trinken/nurnberger-lebkuchen-viel-kostliches-auf-einer-oblate-1.2233589

2) HSU 3/4:   Lernbereich 6: Technik und Kultur

6.1 Arbeit, technische und kulturelle Entwicklung

Kompetenzerwartungen: Die Schülerinnen und Schüler…

- Vergleichen handwerkliche Fertigung mit industrieller Produktion

Inhalte zu den Kompetenzen:

- Arbeitsprozesse in Industrie und Handwerk (z.b. Fertigung von Kleidung)

In der Unterrichtsstunde dürfen die Schüler selbst Lebkuchen backen, sie machen also die Arbeitsprozesse aus dem Handwerk des Lebküchners nach.

2.2 Gesellschaftsrelevanz

«Wir fühlen tief in uns drin, dass solch dunkle, eigenartige Speisen bedeutungsvoll und sehr alt sein müssen. Wir essen Geschichte und kulturelle Werte genauso wie Familienerinnerungen[13].»

In diesem Zitat von der kanadischen Professorin Margaret Visser wird noch einmal deutlich, dass Lebkuchen eine sehr lange Geschichte haben und zudem sehr köstlich sind. Daher sind sie auch in der Gesellschaft von großer Bedeutung.

Es ist wichtig, dass die Kinder Lebkuchen backen können, denn sie werden ihr Leben lang immer wieder mit ihnen konfrontiert sein. In der Gesellschaft wird der Lebkuchen meist mit Weihnachten assoziiert.

2.3 Schülerrelevanz

Viele Kinder backen sehr gerne. Zumindest mögen sie den einzigartigen Duft und das Verzieren des Teiges. Das gemeinsame Backen in der Schule ist gut für die Klassengemeinschaft und gibt den Kindern ein Gefühl von Geborgenheit. Außerdem wird beim Teigkneten und Verzieren der Lebkuchen die Feinmotorik und Selbstständigkeit der Schüler gefördert. Zusätzlich lernen die Kinder beim Backen wichtige Dinge über den Umgang mit Lebensmitteln und deren Zubereitung kennen und auch, dass man danach zusammen aufräumen muss[14].

---

[13] http://www.bachmannmedien.ch/downloads/echt_0314_archiv.pdf
[14] Vgl. http://www.livingathome.de/kochen-feiern/backen/1736-rtkl-backen-mit-kindern

6

Die meisten Kinder verbinden mit der Weihnachtszeit den Genuss von Lebkuchen. Daher ist es wichtig, dass sie auch selbst wissen, welche Zutaten darin sind und wie man diese herstellt.

2.4 Fachrelevanz

Das Thema ist für das Fach HSU in vielfältiger Weise relevant. Wie bereits in der Sachanalyse beschrieben haben Lebkuchen eine lange Geschichte und somit sind sie Teil der Kultur. Beim Backen von Lebkuchen bekommen die Kinder viele Informationen über die Herkunft der Produkte. Beispielsweise, dass der Honig ein regionales Produkt ist und viele Gewürze aus anderen Ländern importiert werden. Zusätzlich lernen die Kinder, dass hinter einem Lebkuchen ein langer Arbeitsprozess steckt. So wird ihnen etwas mehr bewusst, dass die Lebensmittel, die sie im Supermarkt kaufen, alle erst hergestellt werden müssen und nicht automatisch in den Regalen stehen.

2.5 Didaktische Reduktion

Nach Klafki ist es notwendig, sich bei der Vorbereitung einer Stunde folgende Fragen zu stellen:

1) Welchen größeren bzw. welchen allgemeinen Sinn- und Sachzusammenhang vertritt und erschließt dieser Inhalt?
2) Welche Bedeutung hat der betreffende Inhalt bzw. die an diesem Thema zu gewinnende Erfahrung, Erkenntnis, Fähigkeit oder Fertigkeit bereits im geistigen Leben der Schüler/innen, welche Bedeutung sollte er (...) darin haben?
3) Worin liegt die Bedeutung des Themas für die Zukunft der Jugendlichen?
4) Welches ist die Struktur des (...) Inhalts? (Klafki 1964, S. 15-17)[15]

Diese Fragen sollen nun beantwortet werden. Der Sinn im Lebkuchenbacken ist der, dass die Schüler ihr Leben lang mindestens einmal im Jahr, nämlich zu Weihnachten, mit Lebkuchen konfrontiert sein werden und daher haben Diese eine sehr große Relevanz, wie bereits in den Punkten 2.2 und 2.3 beschrieben wurde. Die Erfahrungen, die die Kinder beim Backen von Lebkuchen sammeln, sind sehr wichtig für das spätere Leben. Sie lernen nicht nur praktisch, wie man dieses Gebäck zubereitet, sondern auch, wie man gemeinsam mit anderen Schülern eine Handlung durchführt und das auch das Aufräumen zum Backen gehört.

---

[15] Klafki, Wolfgang 1964: Didaktische Analyse als Kern der Unterrichtsvorbereitung. In: Heinrich Roth (Hrsg.)1964: Auswahl. Grundlegende Aufsätze. Hannover: Schroedel, S.5 -34

Das Thema „Lebkuchen backen" wird die Kinder in Zukunft immer wieder begegnen, da es sie in ganz Deutschland zu kaufen gibt und man sie an jedem Weihnachtsmarkt sehen, kaufen und verzehren kann.

Der Inhalt ist klar strukturiert, denn den Kindern wird ein Rezept gegeben, nachdem sie immer wieder zu Hause backen können.

2.6 Lernziele

Grobziel: Die Schülerinnen und Schüler sollen in kleinen Gruppen Lebkuchen backen

Feinziele:

Die SuS sollen...

- den Hintergrund von altem Brauchtum kennen lernen
- erfahren, dass dieser Brauch den Inhalt vieler Lieder und Gedichte geprägt hat
- anhand eines einfachen Rezeptes Lebkuchen backen

3 Methodische Analyse

Die Unterrichtseinheit lässt sich in folgende Phasen gliedern:

- Hinführung
- Erarbeitung
- Anwendung
- Reflexion

Nachfolgend sollen nun die einzelnen Phasen genauer beschrieben und die methodischen Entscheidungen in Abhängigkeit zur Lerngruppe, Thema und Medien begründet werden.

Die Unterrichtsstunde beginnt im Sitzkreis, denn so kann jeder Schüler einen Blick auf den Lebkuchen werfen, den der Lehrer in die Mitte legt. Der Lebkuchen gilt als zusätzliche Motivation, sodass der Lehrer die volle Aufmerksamkeit der Schüler hat. Auf die Frage, ob die Kinder schon einmal Lebkuchen gebacken haben, können die Kinder vielfältig Antworten und jeder Schüler ist mit einbezogen.

Im Anschluss wird im Plenum noch einmal wiederholt, welches Wissen noch von der Exkursion vorhanden ist. Das Vorwissen der Schüler wird somit aktiviert und zusätzlich wird eine kurze Reflexion der Exkursion stattfinden. Anschließend erzählt der Lehrer in dieser

8

Erarbeitungsphase die Geschichte des ersten Lebkuchens. Somit soll den Kindern der Hintergrund des Brauchtums verinnerlichen.

Nun folgt die Anwendung. Beim Lebkuchenbacken werden die Schüler in Gruppen von ca. 5 Schülern eingeteilt. In diesen kleinen Gruppen kann sich jedes Kind einbringen und muss nicht warten, bis der Backofen frei ist, denn jede Gruppe hat einen eigenen kleinen Ofen und bereitet seinen eigenen Teig nach Rezept vor. Der Lehrer stellt Schablonen zum Ausstechen zur Verfügung und dient als Hilfe, wenn die Kinder eine Frage haben. Die Selbstständigkeit der Schüler ist hier gefragt und in der Interaktion mit der Gruppe können sie sich das Rezept besser verinnerlichen, als wenn der Lehrer im Frontalunterricht den Kindern zeigen würde, wie man bäckt. Um den Schülern deutlich zu machen, dass der Brauch des Lebkuchenbackens sehr viele Lieder geprägt hat, läuft während des Backens eine CD mit Liedern rund um das Gebäck. Zum Abschluss dieser Anwendungsphase wird gemeinsam aufgeräumt und abgewaschen. Natürlich darf dann zur Belohnung jedes Kind einen Lebkuchen probieren. Danach klärt der Lehrer ab, ob es für die Schüler in Ordnung ist, wenn sie die Lebkuchen beim kommenden Elternabend an einem Stand verkaufen und den Erlös an ein soziales Projekt spenden. Schließlich werden die Lebkuchen vor Allem zur Weihnachtszeit gebacken und Weihnachten ist ja bekanntlich das Fest der Liebe.

Am Ende der Stunde folgt noch eine kurze Reflexionsphase, sodass die Schüler sich noch einmal ins Gedächtnis rufen, was sie alles gelernt haben. Durch diese Reflexion erleben sich die Schülerinnen und Schüler in hohem Maße als das Subjekt ihres eigenen Lernens und nehmen ihre Stärken wahr. Der Eine kann besonders gut Teig kneten, der Andere verziert sehr schön. Das stärkt zusätzlich das Selbstbewusstsein der Kinder und erzeugt Motivation, auch zu Hause Lebkuchen zu backen. Zusätzlich dient so eine Feedback-Runde der Offenheit in der Klasse und bildet die Grundlage eines partnerschaftlichen Miteinanders. Diese Reflexion findet wieder im Sitzkreis statt, denn so hat jedes Kind seine Mitschüler im Blick und kann auch den Anderen besser folgen.

4 Verlaufsplan

Zeit	Artikulation	Geplanter Unterrichtsverlauf	Medien/ Organisationsform
0 – 10	Einstieg	- L. legt Lebkuchen in die Mitte - L.: „Hast du schon einmal beim Lebkuchen backen geholfen" - S. erzählen, welche Lebkuchen sie schon gebacken haben - L.: „In vielen Familien gibt es verschiedene Rezepte, die alle Jahre wieder gebacken werden. Aber weißt du auch, warum wir zur Weihnachtszeit Lebkuchen backen?" - S. überlegen, wie dieser Brauch entstanden ist - L.: „Du hast ja schon super tolle Ideen gehabt. Jetzt darfst du langsam und leise auf deinen Platz zurück gehen."	Sitzkreis
11 - 20	Erarbeitung	- L. wiederholt noch einmal zusammen mit den SuS, was sie bei der Exkursion über Lebkuchen gelernt haben und erzählt Geschichte über die ersten Lebkuchen - L.: „Du weißt ja noch ganz viel über den Lebkuchen, ich bin begeistert! Aber mal sehen, ob du dir auch gemerkt hast, wie man Lebkuchen bäckt."	Plenum, Geschichte
21 - 80	Anwendung	- Jedes Kind bekommt ein Arbeitsblatt, auf dem genau erklärt steht, wie man den Teig macht - Je fünf Kinder arbeiten zusammen und haben einen eigenen Backofen - L. backt zusammen mit den Schülern Lebkuchen und erklärt währenddessen die Herkunft der verwendeten Lebensmittel - Während des Backens läuft eine CD mit Liedern, die von Lebkuchen handeln - Danach wird gemeinsam aufgeräumt und abgespült - Jedes Kind bekommt am Anschluss einen Lebkuchen; die übrigen Lebkuchen werden am nächsten Elternabend an einem Stand verkauft, der Erlös geht an ein soziales Projekt, da Weihnachten das Fest der Liebe ist	AB 4 Backöfen,4Bleche, 4 Nudelhölzer, Schablonen zum Ausstechen, Zutaten für Lebkuchen, Weihnachtsmusik
81 - 90	Reflexion	- L. fordert die S. auf in den Sitzkreis zu kommen: „Denke nun darüber nach, ob du heute etwas Neues gelernt hast, was dich besonders überrascht / fasziniert hat." - S. reflektieren ihren individuellen Lernzuwachs	Sitzkreis

5 Reflexion der Exkursion

Insgesamt halten wir die Durchführung der Exkursion mit dem Thema „Nürnberger Lebkuchen" für gelungen. Zu Beginn versammelten sich die Kinder vor dem Modell-Lebkuchenhaus vor der Lebkuchenfirma „Lebkuchen Schmidt". An dieser Stelle fand die Einführung des Themas mit der Geschichte der Lebkuchenfrau statt. Diese war vor dem großen Lebkuchenhaus unserer Ansicht nach motivierend für die Schüler. Dennoch ist am ersten Standort zu bemängeln, dass wir das Lebkuchenhaus nicht direkt auf der Wiese der Firma ansehen durften, sondern auf dem davor befindlichen Gehweg, der allerdings an einer befahrenen Straße lag. Durch die so entstehende Lautstärke durch vorbeifahrende Autos wurde die Geschichte etwas gestört. Trotzdem war es uns wichtig, das Lebkuchenhaus als ersten Punkt unserer Exkursion mit einzubeziehen. Dieses ist außerdem von Bäumen umgeben, welche auf den Reichswald im Nürnberg und dessen Bedeutung für die „Nürnberger Lebkuchen" hinweist. Durch die Anregungen wie den Wald und ein Bienennest gelang es uns, die Kinder hinsichtlich der historischen Aspekte anzuregen. Mit einigen Hilfsimpulsen in Form von Fragen wie beispielsweise „Aus welchem Grund könnten hier so viele Bäume angepflanzt sein?" oder Ähnliche, hatten die Schüler selbst die Möglichkeit darüber Gedanken zu machen. Mit dem gemeinsamen Lösen der Fragen konnte ein besserer Einblick auf die Kernfrage, warum der Lebkuchen gerade für Nürnberg bekannt ist, gegeben werden und auch der stadtgeographische Aspekt mit eingebracht werden.

Der nächste Punkt der Exkursion fand in der Besucherhalle der Firma „Lebkuchen Schmidt" statt. Hier erhielt jedes Kind zunächst einen Lebkuchen und einen Tee, was ebenfalls für Aufmerksamkeit und Freude sorgte. Dieser durfte jedoch nicht gleich verspeist werden, da es in der Erarbeitungsphase vorerst um die Zutaten des Lebkuchens ging. Aus diesem Grund konnten die Schülerinnen und Schüler ihre Sinne testen und die wesentlichen Zutaten des Lebkuchens herausfinden. Dies stieß auf große Motivation, da die Kinder so viele Zutaten wie möglich erriechen oder schmecken wollten. Wenn ein Kind beispielsweise ein besonderes Gewürz gefunden hat, wollte es der Partner auch riechen, wodurch jeder konzertiert am Thema beteiligt war. Um die wichtigsten Inhaltsstoffe festzuhalten und einen besseren Überblick zu erhalten, wurden die jeweiligen Gewürze und Grundzutaten in Form von einlaminierten Bildkarten gezeigt. Hier wäre es schöner gewesen, wenn man diese hätte sichtbar aufhängen können, damit wirklich jedes Kind das Erarbeitete sehen kann. Nachdem die Schülerschaft die meisten Gewürze herausgefunden hat, sollten sie sich (alleine oder mit ihrem Partner) überlegen, ob die Gewürze einfach so erhältlich waren/sind oder ob sie eine besondere Bedeutung haben. Mit dieser Frage und der Aussage, dass es später mit einem

Arbeitsblatt weiter geht, begann der Film über die Herkunft und Herstellung des „Nürnberger Lebkuchens". Der Film kam bei der Klasse gut an, da er lediglich 20 Minuten dauerte und so nicht zu lang war, wodurch Langeweile oder Unkonzentriertheit ausblieb. Um das Gesehene nun zu festigen, wurde zunächst die Herkunft der Gewürze besprochen und warum dies vor allem Früher für die Stadt Nürnberg bedeutend war. Zugleich konnte noch einmal an die Bäume und die Bienennester, die den Reichswald mit zahlreichen Imkern verdeutlichen sollen angeknüpft werden. Anschließend erhielten sie ein Arbeitsblatt, das mit dem ältesten Lebkuchenrezept versehen war. Dies war zunächst sehr spannend, da man meist lediglich aktuelle Rezepte mit den richtigen Maßeinheiten kennt. Dieses alte Rezept sollte dann mit dem im Film angesprochenen heutigen Rezept in Partnerarbeit verglichen werden und gemeinsam wurden Unterschiede herausgearbeitet. Des Weiteren sollten auch Unterschiede bei der Herstellung noch einmal verdeutlicht und aufgeschrieben werden, wodurch auch Begründungen für die Oblate, auf dem sich heut zu Tage der Lebkuchenteig befindet, gefunden wurden. Zu diesem Zeitpunkt stellten dir Schüler noch einige interessante Fragen, beispielsweise wie lange ein Lebkuchen haltbar ist etc., welche sie in ihrem eigenem Interesse am dritten Standort selbst herausfinden durften. Dieser Teil der Erarbeitung hat gut geklappt und auch für die Kinder war es etwas Besonderes den Duft der Gewürze und der Lebkuchen zu riechen und letztendlich auch zu essen.

Die letzte Aufgabe des Blattes wurde am Standort drei, der Verkaufsstelle der Firma, fortgesetzt. Hier ging es darum, mindestens vier verschiedene Lebkuchensorten herauszufinden, sowie nach weiteren Informationen über die Lebkuchen zu suchen. Hier stand vor allem der Überraschungseffekt im Vordergrund, da die Firma „Lebkuchen Schmidt" auch Lebkuchen speziell für den Sommer, mit verschiedenen neuen Geschmacksrichtungen, anbietet. Somit ist klar geworden, dass die Tradition des Lebkuchens zwar hauptsächlich mit der Weihnachtszeit verbunden wird, aber noch viele weitere Geschmackserlebnisse für andere Jahreszeiten parat hat.

Nachfolgend stellten sich die Kinder noch einmal in einem Kreis auf, um mit einer Reflexion im Lebkuchenladen alle wichtigen Eindrücke zusammenzutragen. Somit konnte jeder noch einmal alles zu dem Thema loswerden und auch wir als „Lehrkraft" zu tollen Ideen oder Verbesserungsvorschlägen Rückmeldung erhalten. Zum Schluss durften sich die Kinder als Erinnerung oder Mitbringsel der Exkursion „Nürnberger Lebkuchen" noch im Laden umsehen und sich Lebkuchen kaufen.

6 Literaturliste

Klafki, Wolf gang 1964: Didaktische Analyse als Kern der Unterrichtsvorbereitung. In: Heinrich Roth (Hrsg.)1964: Auswahl. Grundlegende Aufsätze. Hannover: Schroedel